LES

COURSES DE MARSEILLE

AU

CHATEAU BORÉLY,

PAR

Le Comte de RESELLEBECH,
Gentleman-rider,

Orné d'une Vue représentant le Champ de Courses.

MARSEILLE,
LIBRAIRIE DE Mme Ve MARIUS OLIVE, ÉDITEUR,
Rue Paradis, 68,
Et chez les principaux Libraires
1860.

LES COURSES DE MARSEILLE

AU CHATEAU BORÉLY.

Lith. Ve OLIVE, Marseille.

D'après un dessin de M^r. Mre Dupont, peintre de la maison Perraud

LES

COURSES DE MARSEILLE

AU

CHATEAU BORÉLY,

PAR

Le Comte de RESELLERECH,
Gentleman-rider.

Orné d'une Vue représentant le Champ de Courses.

MARSEILLE,
LIBRAIRIE DE Mme Ve MARIUS OLIVE, ÉDITEUR,
Rue Paradis, 68,
Et chez les principaux Libraires.
1860.

APERÇU HISTORIQUE.

L'origine des courses de chevaux remonte à l'antiquité la plus haute; elles illustrèrent l'ancienne Grèce, furent chantées par les poètes et firent l'objet principal de ses fêtes. Des Grecs le goût de ces exercices passa aux Romains. Les fêtes de la Rome des empereurs lui durent une partie de leur éclat, et les luttes brillantes de l'hippodrome, transportées des bords du Tibre sur ceux du Bosphore, ne trouvèrent un terme que dans la chute de l'empire grec.

Nous ne sommes pas de l'avis de quelques écrivains qui font remonter l'origine des courses de chevaux à l'Angleterre. C'est au contraire à la France que l'Angleterre en est redevable. Guillaume le Conquérant y porta toutes les habitudes équestres de la civilisation plus avancée du royaume de France. Dans les Pyrénées, on trouve des réunions équestres dont l'origine est inconnue. A Semur, dans le département de la Côte-d'Or, on fait annuellement des courses de chevaux qui remontent au règne de Charles V. Henri IV envoya à Élisabeth plusieurs chevaux français tirés de son haras du Berry ; ils excitèrent l'admiration de la cour d'Angleterre. Ce fait prouve à lui seul la longue supériorité de la France.

Mais, cette supériorité, elle la perdit peu à peu, et c'est la France aujourd'hui qui marche sur les traces de l'Angleterre. Pourquoi ? nous dira-t-on. Les Anglais doivent cette prééminence à la pensée constante qu'ils ont eue d'améliorer les races indigènes à l'aide de principes fixes et d'institutions solides, à l'aide surtout des joûtes de l'hippodrome dont ils ont compris la puissante efficacité pour arriver au succès pratique.

Ils commencent à se faire remarquer sous le règne de Henri II, de 1154 à 1189. William Fitz-Stephen, qui a dressé le tableau de Londres à cette époque, nous apprend que l'on conduisait au marché de Smithfield des chevaux pour la vente, et qu'afin de démontrer leur excellence, on les faisait courir ensemble et joûter de vitesse. Peu après, les landes d'Epsom, qui ont acquis depuis une si grande célébrité, furent le terrain où eurent lieu les premières courses. On connaît la prédilection d'Édouard III pour les chevaux de course qu'il faisait élever dans ses haras. Henri VIII favorisa cet exercice en l'instituant sur plusieurs points de son royaume; en effet, des courses furent établies à Chester et à Hamford. Mais il s'en faut bien que la science du turf fût arrivée au point où nous la voyons aujourd'hui. Elle n'était encore alors que dans son enfance. Les hippodromes n'étaient pas, comme ils le sont de nos jours, tracés à l'avance. Les concurrents étaient lancés à travers la campagne, et très-souvent il arrivait que le terrain le plus mauvais et le plus impraticable était choisi de préférence à tout autre. « Ce qu'on recherchait dans ces courses, dit l'auteur du *Turf*, ce n'était pas le cheval pur sang; la grande vitesse qu'on voulait obtenir alors était celle du cheval de guerre et de fatigue appelé à porter un cavalier armé de pied en cap, c'est-à-dire un poids de TROIS CENTS LIVRES environ. »

C'est au temps de Jacques Ier qu'il faut remonter pour trouver l'institution précise des courses qui eurent lieu à des époques fixes, à New-Market, à Garterley, à Croydon, à Enfield-Chace ; des paris fréquents ont lieu entre les propriétaires des chevaux de course, qui n'ont d'autres jockeis qu'eux-mêmes.

N'oublions pas de dire que Jacques est le premier qui, en Angleterre, ait pressenti le parti qu'on pouvait tirer du sang arabe ; les courses qu'il avait établies portaient la désignation de *bell races*.

Charles Ier et Olivier Cromwell ne montrèrent pas de moins favorables dispositions pour l'encouragement des exercices du turf.

Le premier fit fleurir New-Market, et créa un hippodrome dans Hyde-Park ; quant à Cromwell, c'est à l'un de ses étalons, *White Turk*, qu'aboutissent les plus anciennes généalogies chevalines de l'Angleterre.

Ce ne fut néanmoins qu'en 1669, après la restauration de Charles II, que l'on fixa un prix pour des courses régulièrement célébrées à New-Market, prix qui consistait en une pièce d'argenterie de la valeur de cent livres sterling.

De nombreuses courses de ce genre sont aujourd'hui ouvertes en France, elles sont loin d'égaler cependant celles qui se pratiquent en Angleterre. Dans ce pays, on en compte plus de quatre cents, mais les courses qui ont le plus de renom se font à New-Market, Ascot, Epsom, Doncaster, Goodsvood. On se ferait difficilement une idée de ce spectacle. C'est une immense cohue où viennent se confondre tous les rangs de la société, une arène où s'établissent et se perdent les plus grandes fortunes avec une rapidité qui épouvante. La reine Victoria et sa cour honorent souvent ces solennités de leur présence.

La France avait déjà vu de ces sortes de courses, accompagnées d'un grand apparat; elles commencèrent dans l'année 1776 et durèrent plusieurs jours au milieu de la plaine des Sablons, entre des chevaux anglais appartenant au duc de Chartres, et ceux du marquis de Conflans, du comte d'Artois, du prince de Nassau, du prince de Guémenée et autres parmi lesquels se trouvaient des Anglais de distinction. Il y eut l'année suivante, à Fontainebleau, une *poule* où concoururent quarante chevaux. Cette course fut suivie d'une autre poule disputée par quarante ânes : le prix se composa d'un magnifique chardon d'or avec cent écus d'argent. Plusieurs fois ces courses furent renouvelées sous Louis XVI, tantôt à Fontainebleau, tantôt à Vincennes ou dans la plaine des Sablons.

Ce ne fut que sous le régime impérial qu'on les établit avec des prix disputés périodiquement en divers lieux désignés. Louis XVIII et Charles X ne cessèrent point de protéger les courses, et, non contents d'augmenter la valeur des prix déjà fondés, ces monarques en proposèrent de nouveaux qu'on se disputait dans les hippodromes de Paris, de Bordeaux et d'Aurillac. Ce n'est cependant que depuis 1833 que cette institution a reçu un renouvellement d'activité que l'on pourrait regarder comme sa renaissance, et c'est une suite de l'intérêt qu'on y a vu prendre par le roi Louis-Philippe et par les princes, ses fils, de même que par une société d'encouragement qui s'est formée sur le modèle du Jockey-Club qui existe en Angleterre. Les vues, les méthodes, l'impulsion venues de cette réunion, et proclamées dans un recueil spécial qui prit le titre de *Journal des Haras, des Chasses et des Courses de chevaux*, ont eu aussi pour effet de répandre, avec le goût de l'exercice du cheval, les meilleurs procédés pour l'élever et le porter à sa perfection.

LE SPORT.

———

Le *Sport!*... Connaissez-vous le *Sport?* — Non, direz-vous, ce mot ne se trouve pas dans le Dictionnaire de l'Académie, et par conséquent il n'est pas français. — D'accord ! ce mot, pas plus que ses congénères, ne figure dans l'œuvre de nos Quarante Immortels ; mais s'ensuit-il qu'il ne soit pas français, qu'il ne soit pas usité ! Où en serions-nous, bon Dieu ! s'il fallait renoncer à l'emploi de tous les mots que l'Académie a négligé de mentionner dans son catalogue, et qu'ont recueillis avec tant de soin la plupart de nos lexicographes modernes? — *Sport*, comme *box*, *derby*, *rider*, *sport man*, *steeple-chase*, *stud-book*, *turf*, est aussi usité aujourd'hui que le sont *bifteck*, *rosbif*, *steamer*, etc., etc. Allez plutôt le demander aux membres du *Jockey-Club*. Ces gentlemen-riders, qui ne sont pas de l'Académie ou plutôt qui sont de l'académie du cheval, académie qui, pour le dire en passant, en vaut bien une autre, ces gentlemen vous diront que le *sport* est ce qu'il y a de plus noble au monde ; qu'il embrasse la vénerie, la chasse, les courses, les grands exercices nautiques, le cheval, l'escrime ; en un mot que c'est l'occupation de ces heureux mortels qui n'en ont pas et à qui la fortune permet de n'en pas avoir. Par cette énumération il vous sera facile de comprendre que le *sport*, par cela même qu'il s'applique à tout ce qui tend à développer, à grandir, à poétiser la force matérielle de l'homme et qu'il ouvre à toutes les aptitudes une sphère sans limite, est la science des sciences. Retranchez le *sport* de la vie des nations, et la société ne sera plus composée que de malheureux condamnés à la glèbe, que de gens tristement courbés sous le poids des affaires. Il n'en saurait être ainsi, on le sent bien, car tous les hommes ne se ressemblent pas ; toutes les organisations ne sont pas jetées dans le même moule. Au courage, à l'adresse, à l'agilité, à la souplesse du corps, il faut des exercices autres que ceux qui conviennent aux individus dont toute la vie s'agite dans les intrigues du négoce ou ne s'étend pas au-delà des limites étroites d'un comptoir. Le *sport* ne convient qu'aux opulents, et c'est pour ce monde privilégié que l'Angleterre maintient avec un culte religieux ses brillants et émouvants exercices. Il fait les délices de l'aristocratie moderne, comme les jeux olympiques firent autrefois le charme des plus belles époques de l'antiquité, et c'est la même pensée qui a présidé à la création de ces nobles et charmantes institutions qui présentent leur côté moral à toute imagination qui n'est pas vulgaire.

Le *sport*, dit M. Chapus, n'appartient pas seulement aux habitudes aristocratiques; il est florissant et très en vogue dans un pays où la république n'est pas une théorie, aux Etats-Unis. Dans les mœurs de ce pays industriel, commerçant, positif, utilitaire, une chose frappe : le culte brillant du sport ! Nulle part on ne s'occupe avec plus d'ardeur de chevaux de chasse, de *boating*, de steeple-chases et de courses. Les courses surtout ont pris chez les Américains, comme tout ce qui leur paraît favorable à la grandeur de leur nation, un essor si général, si puissant, que, reconnaissant la nécessité des races de chevaux nobles, ils consacrent à l'achat d'un étalon en Angleterre des sommes supérieures même à cent mille francs, ainsi qu'ils l'ont fait il y a quelques années pour *Priam* (1).

(1) L'Angleterre, aux regrets, tenta vainement depuis de ravoir ce cheval au prix de 12,000 livres sterling ou 300,000 francs !

LE TURF.

Le *Turf*, autre proscrit de l'Institut, fait partie intégrante du sport, et nous ne pouvons parler de l'un sans dire un mot de l'autre. Pris dans son sens littéral, *turf* signifie gazon, pelouse, tourbe bitumineuse, détritus végétal propre à brûler, et dont les cendres alcalines fécondent la terre, ou bien encore ce tapis de verdure émaillé de marguerites, sur lequel les enfants s'ébattent, et que foule en gambadant le mouton qui rentre à l'étable..... Vous vous étonnez peut-être et vous demandez quel rapprochement il peut y avoir entre le *turf* et le *gazon*. Patience! vous allez voir le rapport qu'il y a entre ces deux mots. En effet, où peut être tracé un bon hippodrome, si ce n'est sur le *turf*, autrement dit sur le *gazon?* Avec le temps, ce mot, ainsi qu'il arrive pour presque tous les mots, a pris une signification beaucoup plus large; il s'est étendu à tout ce qui regarde l'éducation des chevaux, celle des jockeys, la connaissance de leurs qualités et de leurs défauts, les paris auxquels donnent lieu les courses, les fraudes sans nombre qui s'y mêlent, la vente et l'achat des étalons et des poulains, le maquignonnage, enfin, considéré sous son bon comme sous son mauvais côté. Mais il ne faut pas oublier que le *sport* est le mot générique.

LE STEEPLE-CHASE.

Gardez-vous bien de prononcer ce mot comme le fit un jour une grande dame, qui se mit à parler des *sept petites chaises*. Elle se croyait sans doute au cirque, et s'imaginait assister à une de ces courses incroyables : sept jockeys montés chacun sur une petite chaise, quelle course et surtout quel casse-cou ! C'est à en frémir rien que d'y penser. La chasseresse Angleterre devrait bien essayer d'un pareil steeple-chase. Il ne serait pas sans intérêt ni sans émotion. On ne sait pas précisément à quelle date remonte l'origine du *steeple-chase*, que, dans la bourgeoisie, on appelle l'élégant casse-cou du sport. Quelques plaisants d'Angleterre en attribuent la première idée à un chirurgien d'une petite ville qui n'avait pas de clients. Qu'il aurait remercié la dame aux *sept petites chaises*, si elle s'était rencontrée de son temps! Il aurait pu facilement se procurer des luxations et des fractures.

Quoi qu'il en soit de cette origine inventée à plaisir, les premiers steeple-chases, ceux qui eurent lieu pendant longtemps en Irlande, la patrie des audacieux *horsemen*, ainsi qu'en Angleterre où on les imite, ne ressemblent pas exactement aux courses qui depuis ont prévalu dans les habitudes du sport.

Dans ces steeple-chases primitifs, dit l'auteur du *Turf*, des cavaliers bien montés et partis à la poursuite du renard ou du chevreuil, parcourent la campagne. Ils arrivent sur un point élevé d'où l'on découvre un vaste horizon. Dans quelque coin égaré de cet horizon, l'œil va se poser sur une église dont la flèche aiguë s'élance vers le ciel à travers des massifs d'arbres. « A qui de nous y sera le premier! » Le défi est accepté. Un enjeu est convenu : deux, quatre, huit, dix guinées, au hasard des bourses ou de l'inspiration. Si cette troupe de cavaliers se compose de quarante sportsmen, c'est 400 guinées que le vainqueur trouvera au but sous les pas de son cheval... Le signal est donné; on s'élance à travers un terrain coupé, haché, barré. Des haies, des palissades, des buissons, des halliers, des murs : il faut passer! de petites rivières aux berges escarpées et gluantes : il faut passer! des fossés, des ravins, des buttes dont les terres s'éboulent, se présentent à leur tour : il faut passer encore, franchir tout cela sans sourciller, hardiment, à fond de train! C'est effrayant; c'est un cirque dont l'horizon est la seule limite, où la réalité du péril augmente l'émotion.

Avec le temps, le steeple-chase a perdu de ce caractère indiscipliné et aventureux, partout où l'on s'est moins préoccupé de plaisir individuel que d'utilité pour l'ensemble de l'éducation chevaline. Le steeple-chase n'a plus lieu ainsi, même en Angleterre, si ce n'est éventuellement et par caprice. On se contente des accidents périlleux de la chasse, qui dans le fait n'est pas autre chose qu'un steeple-chase continu, mais sans itinéraire obligé. Le steeple-chase a donc été soumis à des règles fixes. Aujourd'hui le théâtre de la joûte est tracé, combiné à l'avance; les obstacles sont créés en vue du but qu'on veut atteindre, et le terrain est montré aux concurrents 24 heures au moins avant la course. Ils peuvent l'étudier à pied, mais tout cheval qui a parcouru la piste avant la course est *disqualifié*, c'est-à-dire rejeté du concours.

LE DERBY.

Rien qu'en lisant ce mot, votre front se plisse, vos mains se crispent, l'impatience vous saisit. Qu'y a-t-il donc?.... Je comprends. Vous regrettez de ne pas avoir sous la main un *English Pocket*..... Mais calmez-vous; vous auriez à votre disposition tous les *Pockets* de la Grande-Bretagne que vous vous casseriez le nez; vous n'y trouveriez rien, attendu que ce mot n'est pas un mot, mais un nom propre, et qui, à ce titre, jouit du privilége de la majuscule. — Oui, c'est un nom propre, mais un nom propre devenu commun et fort commun.... dans tous les turfs. Peut-être bien qu'en le demandant à quelque mandarin ou à quelque savant hébreu ou tartare-mantchou, vous pourriez en savoir l'origine, car qui sait si ce mot ne vient pas du grec, de l'arabe ou du chinois? *Equus* vient bien d'*Alphana!* Ceci me rappelle une petite anecdote que je veux vous conter.

Mon vieil et savant ami, Eloi Johanneau, qui a éclairci, annoté, commenté et disséqué tout Rabelais, avait été chargé par l'Athénée de Paris de donner l'étymologie du mot *quinquet*. Notre brave antiquaire se met à l'œuvre: arabe, chinois, hindou, kalmouk, grec, latin, il fouille tout, et le jour de la séance arrivé, il se présente avec un énorme manuscrit qu'il avait peine à porter. Il monte à la tribune, entame son manuscrit, et finit par prouver que *quinquet* venait de l'algonquin, *kin*, cinq, *quet*, yeux. Il allait terminer par une péroraison cicéronienne, lorsque M. Boniface, l'ancien chef d'institution, demanda la parole: Je rends justice, dit-il, à la vaste érudition de mon ami, M. Eloi Johanneau; ses recherches prouvent tout le mal qu'il s'est donné pour mettre la main sur l'étymologie demandée; mais, quelque vaste et profonde que soit son érudition, il s'est *blousé*; le mot *quinquet*, aux branches duquel nous sommes tous attachés comme des caryatides, ne vient ni du grec, ni du latin, ni de l'hébreu, ni de l'algonquin, c'est tout simplement le nom de l'inventeur de cet utile instrument qui a été remplacé par la *lampe-modérateur*. Un fou rire s'empara de toute l'assemblée.... Mais revenons au *Derby*. Ce mot désigne un prix célèbre qui se court chaque année au printemps sur l'hippodrome d'Epsom, situé à 20 kilomètres de Londres. Ce prix, comme le mot *quinquet*, porte le nom de lord Derby, qui l'a institué. Il est pour poulains de trois ans.

Pour motiver l'émulation qu'éveillent les courses d'Epsom, il suffira de dire qu'à l'une des dernières réunions, 114 poulains étaient engagés pour le Derby, et 97 pouliches pour le prix des Oak's ; chaque propriétaire payant 50 guinées d'entrée par tête pour les chevaux qui courent, et 25 pour ceux qui ne courent pas. Les prix consistaient en outre en plusieurs vases d'or.

De là est venue la dénomination de *Derby-français*, donnée à un prix analogue fondé en France par MM. les membres du Jockey-Club, et qui se se dispute chaque année à Chantilly, au mois de mai.

OAK'S.

N'allez pas croire, je vous prie, qu'il soit ici question des *Hoeksche* et des *Cabeljauds* ou *Cabillauds*, parti politique né en Hollande vers le milieu du XIVe siècle (la guerre des *morues* et des *hameçons*). Non, nous ne sommes pas dans l'empire de Neptune, nous sommes dans celui du dieu Pan. Il s'agit de *chênes* ; en effet, *oak's*, en anglais, signifie *chênes*, et quand on dit les *oak's*, on entend parler du prix des chênes. C'est un prix spécial pour les pouliches, de même que le prix de Derby est exclusivement réservé aux poulains de trois ans. Sa dénomination lui vient de ce que l'emplacement où il était couru était embelli par une magnifique plantation de chênes.

HANDICAP.

Nous ne sommes pas au bout. Voici encore un terrible mot que nous lisons sur l'affiche qui annonce les courses : *Prix* HANDICAP. Qu'est-ce que cela veut dire et où diable MM. les directeurs de la course ont-ils été pêcher ce vilain mot ? *Handicap!* Est-ce le voisinage de la Méditerranée qui leur a suggéré ce vocable ? Ont-ils voulu parler d'un prix qui devait être gagné *en dix caps?* Mais alors nous sommes en pleine mer, et non sur le turf du château Borély. *En dix caps*, bon Dieu ! Quel est le malheureux jockey, assez squelettisé, pour franchir d'un seul bond dix *caps* à la fois ? En voilà un steeple chase ! c'est à se casser le cou dix fois pour une. — Mais c'est assez plaisanter, *Handicap* est un mot anglais qui appartient au vocabulaire du *turfisme*. Voici la définition qu'en donne un savant professeur de l'école, un *Turfiste* expert, M. Chapus : « *Handicap*, dit-il, a plusieurs acceptions. Il signifie, en le décomposant, LA MAIN DANS LA TOQUE (*hand in cap*). Le *handicap* est d'origine Irlandaise. Dans ce pays, où monter à cheval est l'occupation de tous les hommes qui sont tant soit peu indépendants par leur fortune ; les échanges, les ventes de chevaux entre les *horsemen* sont des transactions fréquentes. Quand dans une assemblée deux personnes ont un marché de cette nature à traiter, elles conviennent, afin d'éviter les débats ennuyeux sur la valeur du cheval, de s'en rapporter à l'appréciation d'un tiers. Ce tiers dit son opinion. « Ce cheval vaut tant ; ou bien cet échange exige tant de retour. » Dès qu'il a parlé, les deux parties mettent la main à la poche, la retirent et l'ouvrent simultanément. Si tous les deux ont de l'argent dans la main, l'estimation est acceptée, le marché est fait ; si ni l'un ni l'autre n'a de l'argent, ou que l'un deux seulement en ait, le marché est nul.

« Le *handicap* est devenu sur le turf la désignation d'un genre de course qui est du plus haut intérêt. Tous les chevaux sont admis à y prendre part moyennant un poids qui leur est assigné par les commissaires des courses, en raison des qualités qu'on leur suppose. Dès que l'engagement est fait, le propriétaire du cheval est tenu d'accepter le poids, ou, s'il se retire, de payer forfait.

« Ce genre de course a été imaginé afin de laisser, même au propriétaire de chevaux médiocres, la chance de gagner un prix. En effet, il peut arriver dans un *handicap* que tel cheval connu par son mérite porte le double du poids qui a été assigné à une rosse ; et ainsi s'égalisent les chances entre tous.

« Il existe en Angleterre des hommes fort habiles à déterminer les poids relatifs dans les *handicaps*. Le nom du docteur Bellyse est très-célèbre en ce genre. Il n'est pas un *horseman* dans les trois royaumes qui ne connaisse les détails du fameux *handicap* auquel il présida il y a quelques années à New-Market. La lutte avait lieu entre *Astbury*, cheval de quatre ans ; *Handel*, cheval de quatre ans ; *Taragon*, âgé également de quatre ans, et *Cédric*, âgé de trois ans. Le premier portait 118 livres, le second 109, le troisième 112 et le quatrième 97. Pendant trois épreuves successives il n'y eut pas de vainqueur, les chevaux arrivèrent tête à tête. A la quatrième, les chevaux arrivèrent au but en peloton, et tellement mêlés, que l'indication du vainqueur offrait encore une grande difficulté. Mais les chevaux étaient si fatigués que les propriétaires, afin de ne pas recourir à une cinquième épreuve, se désistèrent en faveur d'*Astbury*. Les annales du turf n'offrent pas un second exemple d'une pareille justesse d'appréciation des forces et de l'âge du cheval. »

DU JOCKEY.

Le rôle du Jockey en Angleterre est d'une grande importance, car le succès de la course dépend le plus souvent de son habileté : un bon jockey, avec un cheval médiocre, a souvent battu un cheval supérieur conduit par un jockey inhabile.

Les jockeys subissent, comme les chevaux, de longues et consécutives épreuves : un bon jockey ne doit peser que cent livres ; mais aussi, pour arriver à ce résultat, il est obligé de suivre un régime énervant. Son déjeûner se compose de pain, de beurre et de thé à dose médiocre ; aussitôt après déjeûner, il se couvre d'habillements, de couvertures, et fait à pied et très vite deux ou trois lieues; pour charmer les ennuis du chemin, il se fait accompagner quelquefois par un joueur de flûte qui lui joue des airs vifs et gais; il rentre chez lui harassé, éreinté, trempé par la respiration, mais..... il a maigri.

Son dîner se compose de quelques tranches de pudding, ou d'un peu de viande sans vin; son souper se *compose* d'un *peu* de thé.

Au bout de quelques jours de ce régime, le jockey a perdu quatorze ou quinze livres de son poids normal.

Le plus ou moins de pesanteur du jockey est d'un avantage immense pour le cheval qui, n'étant pas surchargé, peut développer toute sa vigueur et sa légéreté.

Pour n'en citer qu'un exemple que nous empruntons au *Musée des Familles* : Buckle courait un jour contre *Highlander*. Ce dernier enjambait du terrain que c'était plaisir à voir, pour ses partisans bien entendu; Buckle, l'incomparable Buckle en prenait à son aise, et son œil mesurait sans émotion l'espace de plus en plus agrandi que son adversaire laissait entre eux On avait, comme de raison, choisi la carrière la plus longue et la plus difficile. Déjà les autres coureurs en avaient franchi plus des deux tiers ; les bleus pour toujours, hurlait-on de tous côtés. Mais, art sublime du jockey, on ignorait tes ressources ! Buckle jusqu'à ce moment pesamment incliné sur l'encolure de son cheval, se relève lestement. Ainsi dégagé du fardeau qui gênait son ardeur, l'animal s'élance d'un bond précipité sur les traces du triomphant *Highlander*. Son nez rase la terre, se quatre jambes se redressent sur une ligne presque parallèle, et Buckle le savant, l'ingénieux, le divin Buckle, supendu dans les airs, ne touchant en aucune façon la selle et tenant ses pieds uniquement appuyés sur le *fulcrum* des étriers, atteint, dépasse, sans même lui jeter un regard de dédain, *Highlander*, honteux d'une défaite aussi imprévue, et vient, au bruit des fanfares et des vivats, tomber dans les bras de ses amis.

HORSEMAN.

Ce mot fait au pluriel *horsemen* et signifie *homme de cheval*, *cavalier*, *écuyer*. Mais voyez comme les mœurs d'une nation se retrouvent, se peignent jusque même dans la contexture des mots qu'elle emploie! Les Anglais, vous le savez, sont les turfistes par excellence; ce sont des *horsemen* dans toute la force de l'expression; pour eux le cheval est tout. Eh bien! dans l'excès de leur amour hippique, ils n'ont pas craint, ces fiers insulaires, de placer le cheval avant l'homme, *horse*, cheval, *man*, homme. Qu'en pensez-vous? Et que dirait F. Génin, lui qui a fait une guerre si acharnée aux *œnophiles*, aux *bibliophiles* et à tous les innovateurs en *phile* grec, que l'on coud à la fin des mots au lieu de le mettre comme initial? Sa dignité d'homme et surtout de critique, n'en aurait-elle pas été blessée?

JOCKEY-CLUB.

Ce n'est pas, comme vous pourriez le penser, un club de jockeys ; MM. les jockeys ne forment pas de clubs ; ils laissent cela aux démocrates. Le *Jockey-Club* est tout simplement une assemblée d'amateurs ; une société de *gentlemen-jockey* qui règlent d'un commun accord toute espèce de matière relative aux courses de chevaux.

Paris a aussi son *Jockey-Club* ; il a été institué à l'instar de celui de New-Market, en Angleterre.

STUD-BOOK.

N'allez pas rire, il n'est pas question ici d'*étude de bouc*, non, il s'en faut même de beaucoup. Il est question tout simplement d'un livre contenant l'indication de tous les produits de juments pur sang. Ce mot se décompose ainsi : *stud*, haras, assemblée, réunion quelconque de chevaux; *book*, livre, répertoire. Nous sommes loin du *bouc*, comme vous voyez.

Sous le règne de Louis-Philippe apparut une ordonnance qui prescrivit l'établissement d'un registre matricule, le *Stud-Book* français, destiné à constater la généalogie des chevaux et à recueillir l'historique des courses. Le *Stud-Book* contient les matériaux qui serviront un jour au d'Hozier des turfs.

DES PLUS CÉLÈBRES COUREURS.

Le *Darley arabian*, qu'on appelle ainsi du nom de son propriétaire, est du temps de la reine Anne. Ce cheval pur sang venait d'Alep. Pendant longtemps on refusa de lui donner des juments, tant était grande la prévention qui régnait contre cette race. Mais enfin quand quelques-uns de ses produits eurent déployé de hautes qualités, on reconnut tout ce qu'il valait, et ce fut dès-lors au mélange du sang arabe qu'on demanda le progrès.

Georges Ier encouragea la reproduction à l'aide du sang arabe. Son fils, suivant l'impulsion de ses prédécesseurs, fit importer à grands frais, à l'imitation de Darley, un grand nombre d'étalons du plus grand prix tirés de l'Orient. C'est sous son règne que parut *Godolphin Arabian*, la souche de la meilleure race anglaise.

Ce cheval fut envoyé à Louis XV par le bey de Tunis en 1731 ; mais la cour, habituée aux chevaux anglais, courts de crins, ramassés, ne sut pas l'apprécier à sa juste valeur ; il fut relégué dans les écuries subalternes, puis vendu à vil prix à un porteur d'eau. Un Anglais, M. Coke, vit Godolphin et fut frappé de la beauté de ses formes ; il l'acheta moyennant très-peu d'argent et le vendit vingt-cinq guinées à lord Godolphin. Sa renommée, comme producteur, commença dès-lors ; on lui dut les plus grandes célébrités, les meilleurs chevaux de l'époque. On cite, entre autres, *Lath*, *Cade*, *Regulus* et *Matchem*.

De 1763 à 1766, *King-Herod*, fils de *Tartar* et de *Cyprian*, régna sans rival sur le turf anglais. Pendant ces trois années, il gagna tous les prix officiels de l'Angleterre. En 1768, il commença sa carrière de reproducteur ; tous ses produits ont été des chevaux remarquables. *King-Harod* fut le précurseur d'*Eclipse*, qui naquit aussi dans les écuries du duc de Cumberland.

Eclipse, le fameux Eclipse, descendait par son père de *Darley Arabian*; par sa mère de Godolphin; il fut, à l'âge de deux ans, réformé par le duc de Cumberland; on lui trouva le cou trop long, l'avant-main trop bas; il était, de plus, très-rétif. Il fut acheté cent guinées par un marchand de chevaux nommé Wildman. Il parut pour la première fois à Epsom en 1769. Jusqu'en 1771, il gagna tous les prix de l'Angleterre. On pariait en sa faveur dans la proportion de soixante-et-dix contre un. Lord Grosvenor offrit au propriétaire 300,000 francs; mais celui-ci, qui ne voulait pas le vendre, en demanda 500,000, plus une rente viagère de 7,500 francs. Eclipse, comme reproducteur, a laissé une nombreuse progéniture. On a calculé que ses descendants avaient, dans l'espace de trente ans, remporté plus de trois cents prix sur les hippodromes anglais.

C'est à New-Market qu'il faut chercher les hommes les plus profondément versés dans l'art d'élever le cheval, de le ménager et de le manœuvrer; cette science n'est pas fort ancienne, et cependant elle paraît aujourd'hui parvenue à son apogée. Dès que dans une des fameuses écuries de New-Market un cheval est né, on en prend plus de soin que d'un prince de Galles dans le palais de Saint-James. L'homme chargé de l'élever, c'est-à-dire le précepteur du noble animal, exerce sur lui une surveillance attentive ; il ne le perd jamais de vue. Un rhume, un mouvement forcé, un coup d'air, quelques gouttes de pluie, suffisent pour flétrir les espérances les mieux fondées et enlever à l'élève une valeur incalculable. Il ne faut qu'un moment pour faire une rosse de la postérité d'Alfane ou de Bayard. Un jeune prince a un médecin attaché à sa personne, un cheval de course a aussi le sien ; non pas un grossier vétérinaire, non pas même un élève intelligent d'Alfort, mais un homme dont l'instruction spéciale est doublée par l'expérience, qui, au moyen d'un traitement médical, transforme le sujet qui lui est soumis, augmente sa force musculaire par un exercice mesuré, sa vigueur par le poids, la qualité et la quantité des aliments, diminue la masse des humeurs par des transpirations périodiques, réduit le cheval à son poids le plus léger, et enfin accroît sa souplesse et sa force aux dépens de sa chair et de sa pesanteur.

Que d'expériences n'ont pas tentées ces médecins hippiques. Un cheval a été traité par eux comme un homme. Tantôt ils ont donné au coureur une bouteille de vin de Porto par jour, tantôt des lochs, des sirops, des juleps, ou des blancs d'œufs délayés dans du vin; d'autres fois, ils lavaient leurs pieds échauffés avec de l'eau-de-vie, tandis que le pauvre animal soupirait après l'eau des fontaines et l'herbe de la prairie. Aujourd'hui on emploie un an tout entier pour préparer un cheval aux courses, et ce système permet de se servir de moyens plus doux, qui consistent surtout en de légers purgatifs et en des transpirations graduées.

L'Arabie, la Perse, la Turquie et généralement tous les pays méridionaux fournissent des chevaux de course. La France possède parmi les Limousins et les Merleraults (chevaux de Normandie) des chevaux qui rivalisent avec les chevaux de pur sang.

En Angleterre, la valeur commerciale des chevaux de course ou de première classe est quelquefois incalculable, à cause de l'immensité des produits qu'on en retire. Quelques-uns de ces chevaux, en remportant un seul prix, ont valu à leur maître 25 à 30,000 guinées

(625,000 à 750,000 francs). Dans ce pays, on met le plus grand intérêt à tirer race des chevaux vainqueurs; il en est qui ont été loués pour une seule monte jusqu'à 1,000 guinées (25,000 francs). L'*Éclipse*, qui ne rencontra pas de rival digne de lui, ne couvrait pas une jument à moins de 52 guinées (1,290 fr.). Le *Masque* ne saillait pas à moins du double (2,500 fr.)

« On est si convaincu, dit Grognier, de la transmissibilité, par voie de génération, de la vélocité prodigieuse des vainqueurs dans la courses, que des paris énormes sont quelquefois assis sur des prix à remporter par des chevaux encore dans le sein de leur mère. Chaque pari considérable est annoncé dans les journaux ; on y indique avec le plus grand soin le nom, l'âge, les qualités, la généalogie du coureur, le nom du propriétaire, le lieu et l'époque de la course, et, dans ce concours, six ou huit millions changent de mains.

Les Anglais sont persuadés que les plus puissants coureurs étant ceux qui ont le plus d'haleine et de nerfs, ils sont le plus propres à améliorer même les classes non destinées à courir. Ils ne regardent pas les courses comme un simple spectacle, mais comme la source principale de leur richesse équestre.

On lit, dans le *Journal des Haras*, le passage suivant : « Dans les courses de New-Market, les chevaux anglais font 413 toises à la minute. Nous avons vu cette année, au Champ-de-Mars, *Hercule*, *Hélène*, *Fra-Diavolo* et *Miss Annette*, chevaux français, accomplir la course de 1,026 toises en 2 minutes 42 secondes, et ce qui est comparativement plus fort, *Noéma*, dans une course de fond, a parcouru cet automne les 4,104 mètres en 4 minutes, 50 secondes 1 cinquième, et *Félix*, qui fut vainqueur, et qui aurait évidemment fait plus vite, si cela eût été nécessaire, avait atteint le but en 4 minutes, 50 secondes.

Or, 4 minutes et 50 secondes pour accomplir les 4,104 mètres, donnent par minute un parcours de 249 mètres, c'est-dire 28 mètres de plus que celui attribué aux chevaux de New-Market.

LES COURSES DE MARSEILLE.

Nous allons, pour un moment, quitter les courses de chevaux et parler un peu de Marseille. Mais que dire qui n'ait pas été dit. Les poètes n'ont-ils pas chanté la ville blanche, tiède et coquette que la terre et la mer parfument en même temps de leurs senteurs marines et de leurs arômes champêtres; n'ont-ils pas décrit Marseille, fière et naïve, ville antique et ville neuve à la fois, ayant des rues et des promenades d'hier et des rues d'il y a deux mille ans; Marseille l'opulente, dont les navires touchent aux quatre coins du monde, que la Méditerranée a proclamée sa reine et qui, seule, a trouvé le secret d'enfanter à la fois des marchands et des poètes.

Marseille, quoique ville de commerce, aime l'éclat et le grandiose. Ne l'a-t-elle pas prouvé tout récemment encore par la fête splendide qu'elle a donnée au château Borély, lors du séjour de l'Empereur et de l'Impératrice ?....

Mais elle ne veut pas en rester là et cherche chaque jour à s'embellir. Déjà la Bourse est terminée ; puis viendront le Palais impérial, la Cathédrale, le Palais de justice, etc. La Cannebière ne menace-t-elle pas aussi d'envahir les Allées de Meilhan ? Les Parisiens ne pourront plus rire de la Cannebière qu'une mauvaise plaisanterie a rendue proverbiale chez eux. La Cannebière n'aura bientôt plus sa pareille dans le monde entier.

Aujourd'hui Marseille entre dans une ère nouvelle. Comme Bordeaux, Toulouse, Rennes, Nantes, Tours, Autun, Chantilly, Paris, l'antique Phocée veut aussi avoir ses courses de chevaux, ses steeple-chase. Honneur lui soit rendu ! car Marseille ne comptait guère jusqu'ici dans les fastes hippiques que par une fête de cheval assez burlesque et que nous nous empressons de rappeler ici, ne fût-ce que pour montrer tout le chemin qu'a dû faire cette noble cité pour en arriver aux vrais plaisirs du turf.

La fête dont nous voulons parler est la *course du cheval Saint-Victor*. Cette cerémonie, qui avait lieu à Marseille, commençait le soir de la veille de saint-Victor, le 20 juillet, par une magnifique cavalcade qui durait le reste de la nuit, aux flambeaux, et tenait toute la ville en joie. Cela s'appelait le *Guet de saint Lazare*, institué originairement pour la sûreté de la ville, que le spectacle du lendemain remplissait de gens de toute espèce.

On nommait annuellement un gentilhomme originaire de Marseille pour représenter saint Victor et porter à cheval l'étendard, oriflamme ou bannière de saint Victor. Ce gentilhomme commandait ordinairement le guet ; il était superbement monté, environné de douze pages avec des flambeaux, et accompagné de beaucoup de noblesse divisée en plusieurs quadrilles fort lestes et distingués par différentes couleurs. Chaque gentilhomme était éclairé par deux flambeaux de cire blanche, portés par deux pages. Les capitaines des quatre quartiers de la ville marchaient dans cette cavalcade à la tête de leur compagnie et précédaient la marche. Le capitaine de Saint-Victor, les chefs de brigade et les quatre capitaines de la ville s'arrêtaient de temps en temps pendant la marche pour saluer les dames, *faisant* des caracoles et d'autres exercices pour relever l'éclat de leur parure ou montrer leur adresse. Toutes les maisons des rues où cette cavalcade passait étaient éclairées, ornées de tapis, de guirlandes, de festons, etc. Le lendemain un grand dîner était donné à l'abbaye. Cette fête fut supprimée en 1610.

Il y a loin, comme on le voit, de cette risible cavalcade à ce qu'on appelle des *courses de chevaux*.

Mais il faut un commencement à tout, et à cette heure le sport marseillais est constitué. C'est le 1er juillet 1860 qu'a eu lieu l'inauguration de cette institution hippique, dans la propriété Cervoni, à la Barnière. Grâces en soient rendues aux organisateurs. — Le premier pas était fait (1).

Cependant le champ des courses de la Barnière ne présentait pas toutes les conditions

(1) Il n'entre pas dans notre cadre de donner ici le compte-rendu des journées des 1er et 7 juillet 1860. Nous nous bornerons à mentionner le brillant succès qu'obtint le vicomte de Talon montant lui-même son cheval *Nul* dans le steeple-chase. Ce fut là le dernier triomphe de ce cheval qui a trouvé la mort aux dernières courses de Spa.

nécessaires, et le Cercle de la rue Grignan a eu l'inspiration de relever une institution naissante.

Déjà, au mois d'août 1859, il avait formé la Société des Courses, qui a donné sa première journée le 4 novembre 1860.

Au moment même de la constitution, le Conseil Général du département votait une subvention de 2,000 francs, et peu de temps après, le Conseil Municipal accordait une somme de 10,000 francs.

C'est après avoir obtenu ces encouragements que le Cercle, dans son assemblée générale du 31 décembre 1859, résolut de s'instituer en Société de Courses de chevaux, sous le patronage de la Société d'Encouragement de Paris.

Pendant plusieurs mois, la Commission chercha dans les environs de Marseille un champ de courses convenable.

Le résultat de ses recherches fut qu'il était difficile, presque impossible, même avec de grands sacrifices, de trouver un champ de courses suffisant et présentant les conditions nécessaires.

Les nouvelles acquisitions de la ville au

Château Borély (1) l'ayant mise en possession d'un vaste terrain, la Commission s'adressa au Conseil Municipal pour obtenir de lui l'autorisation d'établir son champ de courses sur ce magnifique emplacement.

L'autorisation fut accordée, et, dès-lors, le succès des courses de Marseille fut assuré.

Encouragée par le Conseil Général, par les deux Conseils Municipaux qui s'étaient succédé, énergiquement appuyée par M. le vicomte Daru, président de la Société d'Encouragement de Paris, dont l'obligeante sympathie ne s'est jamais démentie un seul instant, la Société formée par le Cercle de la rue Grignan eut à tâche de ne rien négliger pour se rendre digne de tout ce qu'on faisait pour elle.

Les courses du Château Borély sont les seules reconnues à Marseille par le Gouvernement;

(1) Le Château Borély doit son origine à Nicolas Borély, riche armateur de Marseille, né en 1697, échevin en 1747, ennobli en 1750 par lettres-patentes du roi Louis XIV. Il acheta à cette époque tous les vastes terrains situés entre la mer, l'Huveaune et le village de Bonneveine, et fit bâtir le château actuel, que ses fils achevèrent. On y remarquait une superbe galerie de tableaux. Des deux frères, l'un mourut garçon, l'autre eut une fille qui épousa le marquis de Panisse. Ce dernier conserva la propriété dudit château jusqu'en 1856, époque à laquelle l'ingénieur Talabot en fit l'acquisition pour le céder presque aussitôt à la ville de Marseille.

le programme en est approuvé par M. le Ministre des travaux publics et du commerce.

La demande de subvention adressée à M. le Ministre lui est parvenue trop tard cette année, les crédits étant épuisés ; mais la Société a reçu les plus bienveillantes promesses pour l'année prochaine.

Les Commissaires nommés par la Société ont été officiellement reconnus par le Gouvernement.

JOURNÉE DU 4 NOVEMBRE 1860.

Hop! hop!..... Il est deux heures de relevée comme dirait un brave commissaire priseur; le soleil radieux, dès le matin, darde en ce moment ses plus brûlants rayons et verse des torrents de lumière sur la foule immense qui, partie de tous les points de la ville, encombre la longue et belle promenade du Prado. Quelle variété, quel pêle-mêle étrange dans l'avenue centrale! Tous les rangs de la société marseillaise s'y trouvent confondus; plus de prérogatives possibles, plus de distinctions hiérarchiques, la place est à tous : Le briska marche après le coupé, le char-à-bancs précède la calèche, le boguei et le tilbury se suivent, le landau croise l'américaine. De temps à autre cependant l'attention se concentre et la foule admire, tantôt un attelage aristocratique qui, rapidement entraîné par de légers chevaux anglais montés par de petits jockeys coquettement empanachés, passe fièrement et écrase de son luxe les véhicules vulgaires ; tantôt un breack emporté à fond de train et dont les quatre chevaux sont dextrement conduits par des postillons revêtus du costume traditionnel; Tantôt c'est une barrouche, tantôt un tandem. A voir cette infinité de voitures et de gens, on serait tenté de croire que la population de l'antique Phocée émigre en masse, ou que toute la carrosserie gothique et fashionable, locale et exotique s'est donné rendez-vous dans ces Champs-Élysées de la mer pour y exposer ses singuliers produits. Tous ces équipages sont précédés et suivis de cavaliers fine fleur du dandysme qui emprunte plus d'éclat encore au voisinage de quelques élégantes amazones; un peu plus loin, le gandin ridicule cherche, à force de prétentions, à attirer les regards des sots, tandis que la lorette, étalant ses falbalas voyants, et multipliant ses poses incorrectes; lance çà et là des œillades inutilement provoquantes.

Et des deux côtés de l'avenue centrale, quelle

innombrable foule de piétons ! Depuis le cours Belzunce une double file d'hommes et de femmes de tout rang, de plus en plus épaisse, nulle part interrompue, se déploie jusqu'à la mer ; elle s'augmente incessamment de la foule de curieux accourus des villages voisins et de toutes les petites villes environnantes.

La cohue cesse cependant, le fleuve humain débouche enfin et s'épand peu à peu dans le parc immense du château Borély ; chaque fraction de la foule se parque en son lieu et trompe les ennuis d'une trop longue attente en jetant d'avides regards sur les principaux points du turf. Bientôt ont lieu les derniers apprêts ; les chevaux piaffent d'impatience et semblent, pleins d'une noble ardeur, solliciter le moment du départ ; le pesage s'opère, les préparatifs touchent à leur fin ; les acclamations de la foule assemblée qui borde l'ellipse de l'hippodrome retentissent, l'attention se concentre, et chacun savoure déjà les émotions de la lutte ; car, il faut le dire, rien n'est comparable, pour les populations méridionales surtout, aux agitations toutes nouvelles du sport et du turf.

Enfin voici le signal suprême ; le drapeau

est hissé, les barrières de la piste se ferment; les chevaux partent, hourrah!.....

Nous ne suivrons pas un à un les généreux combattants dans l'arène; les victoires y sont trop rapidement remportées pour qu'on puisse en détailler les causes.

Contentons-nous donc de proclamer les noms des vainqueurs :

PRIX DU CHEMIN DE FER.

2,000 francs, dont 1,000 francs donnés par la compagnie du chemin de fer et 1,000 francs donnés par la société, pour chevaux de 3 ans et au-dessus, de toute espèce et de tout pays. Entrée. 50 francs Poids : 3 ans, 54 kil. 1/2; 4 ans, 60 kil.; 5 ans et au-dessus, 61 kil. 1/2. Le gagnant était à réclamer pour 2,000 francs. La distance à parcourir était de 1,600 mètres environ.

Six chevaux étaient engagés : *Aboukir*, appartenant à M. le comte Lagrange; *Belle-de-Jour*, à M. A. Blount; *Recourrance*, à M. le baron E. Daru; *Lord Spleen*, à M. de Sevin; *Fitness*, à M. Ed. Dubois; *La Galeuse*, à M. Clémens.

Aboukir est arrivé premier battant *Recouvrance* de deux longueurs. *Fitness* et *La Galeuse* n'ont pas été placées.

Le gagnant a été réclamé par M. Paul Aumont pour 2,400 fr.

PRIX DE LA SOCIÉTÉ (HANDICAP).

5,000 francs, dont 3,000 francs donnés par la société des courses et 2,000 francs par le cercle des Phocéens, pour chevaux entiers et juments de 3 ans et au-dessus, de toute espèce et de tout pays. Entrée : 200 francs ; forfait 100 francs et 50 francs seulement s'il est déclaré le 25 octobre. Distance : 2,500 mètres environ. Tout gagnant, après la publication des poids, d'un prix de 1,500 francs, portera 3 kilog. de surcharge.

Neuf chevaux étaient engagés : *Black-Prince*, à M. le comte de Lagrange ; *La Baleine* et *La Boule*, à M. H. Mosselmann, *Dame de Compagnie*, à M. I. Verry ; *Cavalcadour*, à M. Fasquel; *Lord Spleen*, à M. de Sevin ; *Rosière*, à M. A. Lupin ; *Rigoletto*, à M. Fasquel ; *Sauvagine*, à M. A. Lupin.

Rosière est arrivée facilement première d'une

longueur et demie, *Dame de Compagnie* est arrivée seconde battant *La Boule* de deux longueurs.

Black-Prince, *Lord Spleen* et *Sauvagine* n'ont pas été placés.

GRAND PRIX DE LA VILLE DE MARSEILLE.

10,000 francs offerts par la ville de Marseille, pour chevaux entiers et juments de 3 ans et au-dessus, de toute espèce et de tout pays. Entrée : 400 francs; forfait : 200 francs, et 150 francs seulement s'il est déclaré le 1er novembre 1850, avant quatre heures du soir. Le second recevra 1,200 francs sur les entrées, le troisième 800 francs. Poids : 3 ans, 54 kilog.; 4 ans, 60 kilog.; 5 ans et au-dessus, 62 kilog. 1/2. Les chevaux nés en Angletterre et ayant gagné une course de 5,000 francs porteront 2 kilog. de plus; de 10,000 francs, 3 kilog.

Les chevaux de race orientale, importés d'Asie ou d'Afrique, porteront 12 kilog 1/2 de moins pour toute décharge. Les chevaux nés et élevés dans tout autre pays que les Iles Britanniques, n'ayant jamais gagné une course de

10,000 francs, recevront : à 3 ans, 1 kilog 1/2; à 4 ans et au-dessus, 2 kilog.; une course de 7,500 francs : à 3 ans, 3 kilog.; à 4 ans et au-dessus, 4 kilog.; une course de 5,000 francs : à 3 ans, 5 kilog.; à 4 ans et au-dessus, 6 kilog. 1/2; une course de 3,500 francs : à 3 ans, 7 kilog. 1/2; à 4 ans et au-dessus, 10 kilog.

Un gagnant du grand prix de Baden, du prix de l'Empereur à Chantilly (automne), ou du grand prix Impérial, portera 3 kilog. de plus. Un gagnant (en 1860), d'une somme totale de 25,000 francs, en un ou plusieurs prix, n'aura droit à aucune décharge. Les prix réservés exclusivement aux chevaux Italiens ou aux chevaux Français des circonscriptions de l'Ouest ou du Midi, ne compteront que pour 2,500 francs, quelle qu'ait été leur valeur. — Distance 3,200 mètres environ. Dix chevaux engagés ou pas de course.

Neuf chevaux étaient engagés : *Lord Spleen*, à M. de Sevin ; *La Baleine*, à M. Mosselmann ; *Surprise* et *Gouvieux*, à M. le baron Nivière ; *Capucine* et *Mon Etoile*, à M. Aumont ; *Vert-Galant*, à M. Delamarre ; *Black-Prince* et *Dangu*, à M. le comte de Lagrange.

Surprise et *Baleine* arrivèrent tête à tête suivis par *Dangu*. *Capucine*, *Mon Etoile* et *Vert-Galant* ne furent pas placés.

La course dut recommencer entre *Surprise* et *Baleine*; de grandes espérances avaient été fondées sur cette dernière; mais le sort lui fut contraire, car la corde échut à *Surprise* qui arriva première d'une demi-longueur.

PRIX DU DÉPARTEMENT.

3,000 francs, dont 2,000 donnés par le Conseil-général des Bouches-du-Rhône, et 1,000 francs par la Société, pour chevaux de 3 ans et au-dessus, nés et élevés en France. Entrée 100 francs, moitié forfait. Poids, 3 ans, 54 kil.; 4 ans, 60 kil.; 5 ans et au-dessus, 62 kil. Les chevaux n'ayant jamais gagné une course de 3,000 francs à Paris, Chantilly, Versailles, Caen, Moulins ou Bade, ni un handicap de 3,000 francs, ou un prix impérial, recevront 3 kil. 1/2. Distance 3,200 mètres environ.

Huit chevaux étaient engagés : *Lord Spleen*, à M. de Sevin; *La Filleule*, à M Mosselman; *Porte-Respect*, à M. Cartier; *Gouvieux*, à M. le baron Nivière; *Vert-Galant*, à M. Delamarre;

Rosière et *Sauvagine*, à M. A. Lupin ; *Lysiscote*, à M. le comte de Lagrange.

Lysiscote arriva la première battant *Gouvieux* d'une longueur de tête ; mais *Lysiscote* ayant été déclarée, au pesage, distancée comme n'ayant plus le poids du départ, la course a été gagnée par *Gouvieux*, arrivé second. *Rosière* les suivait de près. Quant à *Lord Spleen*, *La Filleule*, *Vert-Galant* et *Sauvagine*, ils n'ont pas été placés.

PRIX DE CONSOLATION (HANDICAP LIBRE).

Pour chevaux ayant couru à Marseille sans gagner. Distance 1,600 mètres environ. Entrée 50 francs.

Dame de Compagnie est arrivée première battant *La Boule* d'une demi-longueur. *Lysiscote*, *Souvagine* et *Dangu* n'ont pas été placés.

La fête, favorisée par un temps superbe, a été magnifique, et les scènes intéressantes qu'elle présentait par elle-même étaient animées encore par le splendide paysage au milieu duquel elles se déroulaient. L'aspect du nouvel hippodrome était vraiment grandiose. Disons-le, il était impossible de choisir un meilleur emplacement. Situé entre le château même et la mer, le terrain, solide et parfaitement uni, semblait avoir été disposé naturellement pour un champ de courses. Trois vastes tribunes, décorées avec goût, suffisaient à peine à contenir toute l'élite de notre société et nos gentlemen les plus accomplis. Rien de plus élégant ni de plus commode que ces pavillons dont la vue pouvait embrasser aisément la piste dans toute son étendue. Dans la tribune du centre avaient pris place M. le sénateur comte de Maupas, chargé de l'administration de notre département, M. le général d'Aurelle de Paladines, commandant la division militaire; M. le général Carondelet; M. Lagarde, maire de Marseille, et plusieurs sportsmen et étrangers de distinction qui avaient été conviés par les autorités des courses.

La présence d'un certain nombre de membres du Jockey-Club de Paris, qui, pour la plupart, s'étaient rendus dans notre ville pour assister à cette réunion, placée sous leur illustre patronage, ajoutait encore à l'intérêt et à l'animation de la fête. On remarquait entre autres

M. Daru, président de la société d'encouragement ; M. Mosselman, M. Lupin, M. de Véry, M. le marquis de Gallifet, M. de Sévin, M. Grandhomme, secrétaire de la société d'encouragement de Paris.

Marseille a pu jouir enfin d'une de ces luttes pleines d'émotion et d'attrait si recherchées par la haute aristocratie de tous les pays ; elle a pu voir les chevaux les plus réputés des premières écuries de France se disputer sur le turf marseillais les primes offertes à l'émulation des plus habiles coureurs. Aussi est-ce avec raison qu'on a dit que sous son brillant aspect le château Borély faisait oublier et Goodwood et Chantilly. La magnifique fête du 4 novembre est en effet digne de figurer parmi les plus belles solennités de ce genre. Tout s'est passé dans l'ordre le plus parfait, et à plusieurs reprises la lutte a excité les plus vives émotions.

Si Marseille a désormais pris rang parmi les villes où le turf est le plus en honneur, c'est à MM. les membres du *Cercle de la rue Grignan* qu'elle en est redevable. Aussi ne terminerons-nous pas sans leur rendre un juste tribut d'éloges. C'est à ces nobles fils de famille que notre ville doit une institution toute de générosité et de désintéressement ; car, en fondant des fêtes hippiques, ils ne se sont préoccupés que de l'installation convenable du champ de courses, de l'élévation des primes et de l'amélioration des races chevalines de France. Ils n'ont reculé devant aucun obstacle pour arriver à la réalisation de leurs projets, et le succès qu'ils ont obtenu est une juste récompense accordée à leurs efforts. Ils peuvent compter désormais sur l'empressement de notre population : Le passé répond de l'avenir.

Marseille. — Typographie Ve Marius OLIVE, rue Paradis, 68.

Pour paraître prochainement à la même Librairie :

L'USAGE DU MONDE

OU

TRAITÉ COMPLET DE LA CONVERSATION,

CONTENANT

toutes les Lois, Règles, Maximes et Applications de l'Art de Converser,

Par **BESCHERELLE** Aîné,

Auteur du DICTIONNAIRE NATIONAL, etc., etc.

Un volume in-18 anglais imprimé sur beau papier vélin satiné.

PRIX : 3 fr. 50 c.

Marseille. — Imprimerie veuve Marius OLIVE, rue Paradis, 68.

www.ingramcontent.com/pod-product-compliance
Ingram Content Group UK Ltd.
Pitfield, Milton Keynes, MK11 3LW, UK
UKHW022123260726
13993UKWH00003B/1205

9 782329 253602